UNIVERSITÉ DE FRANCE.

ACADÉMIE DE STRASBOURG.

THÈSE

POUR LA LICENCE,

PRÉSENTÉE

A LA FACULTÉ DE DROIT DE STRASBOURG

ET SOUTENUE PUBLIQUEMENT

le Mercredi 31 Juillet 1850, à midi,

PAR

PAUL DIGOT,

de Nancy.

STRASBOURG,

DE L'IMPRIMERIE D'ÉDOUARD HUDER, RUE DES VEAUX, 27.

1850.

A MON PÈRE.

A MA MÈRE.

PAUL DIGOT.

FACULTÉ DE DROIT DE STRASBOURG.

MM. Rauter ✳ . . . . . doyen et professeur de procédure civile et de
                      législation criminelle.
    Hepp ✳ . . . . . . professeur de Droit des gens.
    Heimburger . . . . professeur de Droit romain.
    Thieriet ✳. . . . . professeur de Droit commercial.
    Aubry ✳. . . . . . professeur de Droit civil français.
    Schützenberger ✳ . professeur de Droit administratif.
    Rau . . . . professeur de Droit civil français.
    Eschbach . . . . . professeur de Droit civil français.

Blœchel ✳. . . . . professeur honoraire.

Destrais. . . . . . professeur suppléant.
N. N. . . . . professeur suppléant.

Wernert . . . . . . secrétaire, agent comptable.

MM. Thieriet, président de la thèse.

Thieriet,
Aubry,
Schützenberger ,   } examinateurs.
Destrais,

La Faculté n'entend ni approuver ni désapprouver les opinions particulières au candidat.

DROIT CIVIL FRANÇAIS.

DE LA VENTE EN GÉNÉRAL.

DÉFINITION.

La vente est un contrat consensuel, parfaitement synallagmatique, à titre onéreux, commutatif, par lequel une des parties contractantes s'engage à transférer (et non à livrer à l'autre) la propriété d'une chose, moyennant un prix sérieux et déterminé et en argent monnayé, que celle-ci s'oblige à lui payer.

Des conditions essentielles à l'existence de la vente.

Les conditions essentielles à l'existence de la vente sont au nombre de trois :
1° Le consentement des parties contractantes ;
2° Une chose ;
3° Un prix.

A. Première condition essentielle a l'existence de la vente (consentement).

Le consentement doit réunir les conditions énumérées à la section première du chapitre deuxième du titre trois, intitulé : *Des contrats et des obligations en général*; de là ce consentement n'est pas valable :

1° S'il est entaché d'erreur, c'est-à-dire, si l'auteur du consentement croyait vrai ce qui était faux ;

2° S'il a été obtenu par la violence, cause qui ne vicie pas par elle-même le **consentement**, mais donne naissance à la crainte, vice de consentement;

3° S'il a été surpris par dol, cause qui n'influe pas d'une manière directe sur le consentement, mais donne naissance à l'erreur et se confond avec elle.

Il n'y a donc en résumé que deux vices de consentement, la violence ou crainte et l'erreur; pourquoi cependant le législateur désigne-t-il le dol comme troisième vice de consentement ? En voici la raison : l'erreur peut être fondée, ou sur le dol, ou sur l'erreur proprement dite ; au premier cas, conséquence de manœuvres fraududuleuses, on l'appelle dol, cause qui vicie toujours le consentement ; au second, elle consiste à croire vrai ce qui est faux : elle constitue, en un mot, l'erreur proprement dite, qui n'est vice de consentement que si elle tombe sur la substance ou sur une qualité essentielle de la chose.

Ces règles générales sur le consentement posées, je vais analyser les conditions particulières auxquelles il est soumis dans le contrat de vente.

Il est urgent, je crois, de diviser cette matière en deux parties : dans la première, j'examinerai comment le consentement des contractants doit intervenir quand ils sont présents ; dans la deuxième, j'indiquerai de quelle manière il se manifeste si les parties sont absentes.

3

1. De quelle manière le consentement des parties contractantes doit intervenir si elles sont présentes ?

Si les parties sont présentes, elles peuvent manifester leur consentement de vive voix ou par écrit. Sous l'empire de la législation actuelle, l'écriture n'est plus exigée comme condition essentielle à la validité du contrat de vente, mais simplement comme un moyen de preuve auquel les parties sont libres de recourir si la valeur de l'objet vendu ne dépasse pas cent cinquante francs (art. 1881).

Cette opinion, qui pourrait paraître contraire à la rédaction du deuxième alinéa de l'art. 1882, ainsi conçu : *La vente peut être faite par acte authentique ou sous seing privé*, est cependant la seule admissible : elle s'explique, en effet, si l'on remonte à l'historique de la disposition.

On avait demandé au conseil d'État qu'un acte notarié fût exigé dans les ventes d'immeubles d'une grande importance ; mais cette proposition fut rejetée, et l'on décida qu'un simple acte sous seing privé suffirait dans toutes les ventes.

De plus, la volonté du législateur de ne plus faire de l'écriture une condition essentielle à l'existence de la vente, se manifeste suffisamment par les termes mêmes de l'art. 1589. Le législateur ne dit pas, en effet, dans cet article que *la vente ne peut être faite que par acte authentique ou sous seing privé*, mais qu'elle peut être faite *par acte authentique ou sous seing privé*, ce qui est bien différent. Au surplus, M. Portalis déclare formellement, dans son Rapport au conseil d'État, que la rédaction d'un écrit dans le contrat de vente n'a d'utilité que comme moyen de preuve ; enfin l'art. 1583, énonçant que la vente est parfaite par le seul consentement des parties, vient compléter cette argumentation.

Cette règle, que la vente n'est plus soumise à la formalité de l'écriture, reçoit exception dans les cas suivants :

1° La vente volontaire d'un navire doit être faite par acte authentique ou sous seing privé (loi du 27 mai 1791).

2° Les ventes publiques sont soumises à des formes particulières de procédure.

3° En outre, dans les ventes immobilières, on suppose aux parties l'intention de subordonner la validité de la vente à la rédaction d'un acte ; aussi M. Troplong dit que cette aliénation est censée soumise à une condition **suspensive**.

2. *Comment les parties absentes doivent manifester leurs consentements.*

En cas d'absence, les parties ont l'option de manifester leurs consentements :

1° Par messager ;

2° Par lettre.

A l'égard de ce second mode de correspondance, des doutes existent sur son efficacité à cause des termes de l'art. 1325, qui exige que les actes privés contenant des conventions synallagmatiques soient rédigés en autant d'originaux qu'il y a de parties ayant un intérêt distinct ; or, dit-on, si les parties contractaient vente par lettre, leur convention ne serait rédigée que sur un original : par conséquent elles éluderaient l'art. 1325.

Cet article ne doit pas nous arrêter dans la solution de la question. Sans doute les parties contractantes seraient obligées de se conformer à la lettre de l'art. 1325, si elles constataient leur convention par un acte sous seing privé ; mais la loi ne les force pas d'avoir recours à ce mode de preuve : elles peuvent manifester leurs volontés même verbalement ; or, si les ventes verbales sont valables, malgré l'absence de toute preuve, à plus forte raison doit-il en être de même des ventes par correspondance.

Examinons maintenant à partir de quelle époque la vente est parfaite, quand les parties ont traité par lettres. Deux opinions existent sur ce point ; la première, professée par les jurisconsultes romains et ceux des siècles passés, ne reconnaît la vente parfaite qu'à dater de l'acceptation de la réponse; la deuxième opinion, enseignée par M. Du-vergier, sanctionnée par plusieurs arrêts, entre autres un de Poitiers du 11 nivôse an X, fait remonter la perfection de la vente au jour de la réception de la lettre contenant les offres ; en sorte que les parties sont liées depuis cette époque, quand même l'auteur de la proposition serait mort, tombé en démence, ou aurait changé de volonté.

Ce système est, je crois, préférable au premier, car il s'allie parfaitement avec l'esprit de la législation actuelle, qui déclare la vente parfaite par le seul consentement des parties contractantes. Quoique la vente existe à partir de l'acceptation de la lettre contenant les offres, il faut ajouter que l'auteur de la proposition peut se dédire, et dans ce cas, il ne doit aucuns dommages et intérêts à l'autre partie, à moins qu'elle n'éprouve un préjudice; par exemple, si elle a expédié les marchandises demandées (arrêt de la Cour de cass. du 7 avril 1812). Outre le droit de se dédire, le proposant est libre de disposer de sa chose, tant que l'autre partie ne lui fait pas connaître son acceptation par une réponse. De son côté, la partie à qui les offres sont faites, peut revenir sur son acceptation, tant que l'auteur de la proposition n'en a pas acquis une connaissance soit expresse, c'est-à-dire par lettre, soit tacite, c'est-à-dire par un fait d'exécution.

Ici se place une troisième section , celle ayant pour rubrique dans le Code civil : *Des personnes incapables de vendre et d'acheter,* où le législateur énumère ces incapacités.

*

3. *Des personnes incapables de vendre et d'acheter.*

(*En général, toutes les personnes, à qui la loi ne l'interdit pas, peuvent acheter et vendre,* art. 1594. D'après la teneur de cet article, il y a donc des porsonnes incapables d'exercer ce droit).

L'incapacité de vendre ou d'acheter est absolue ou relative.

1° Elle est absolue, si les personnes sur qui elle pèse ne peuvent acheter ni vendre, ex. époux entre eux (art. 1595).

2° L'incapacité est relative, si elle n'enlève que la faculté de vendre ou d'acheter ; les art. 1596 et 1597 mentionnent ces incapacités.

A. *Incapacité absolue de vendre et d'acheter.*

1. Notre législation, à l'exemple du Droit romain, prohibe les ventes entre époux (art. 1595).

Les rédacteurs du Code ont été guidés à adopter ce principe par les motifs suivants :

La liberté de vente accordée aux époux leur aurait permis de se soustraire aux règles des donations entre époux, c'est-à-dire de pouvoir dépasser la quotité disponible, en se faisant des donations déguisées sous la forme de ventes.

De plus, le mari aurait acquis le moyen d'abuser de sa puissance, en autorisant la femme à lui vendre ses biens au-dessous de leur valeur, à vil prix même.

Il y a des cas exceptionnels où la vente est permise entre époux.

a) Celui où l'un des deux époux séparés de biens en cède à l'autre en paiement de ce qu'il lui doit. Cette exception est très-plausible, vu que l'époux cédant fait plutôt une dation en paiement qu'une vente.

b) Le mari peut, pour une cause légitime, abandonner des biens à sa femme même non séparée, ex. en cas de remploi de ses immeubles et de ses deniers propres aliénés.

c) La femme enfin a le droit de céder des biens à son mari en paiement d'une somme qu'elle lui aurait promise en dot, lorsqu'elle est mariée sous le régime dotal ou sous le régime exclusif de communauté.

Dans les cas où la vente entre époux est autorisée, elle peut être attaquée, comme contenant un avantage indirect, par les héritiers à réserve qui ont le droit de faire réduire ces avantages jusqu'à concurrence de la quotité disponible. .

Voyons maintenant ce que devient une vente faite entre époux hors des cas mentionnés dans l'art. 1595 ; elle est tantôt réductible à la quotité disponible, tantôt nulle.

Si les époux ont eu l'intention de cacher une donation sous la forme d'une vente, elle est réductible ; si au contraire ils ont entendu faire cette stipulation, elle peut être attaquée au moyen d'une action en nullité, dont la durée est de dix ans, à partir de la dissolution du mariage.

B. *Incapacité relative de vendre.*

Ces incapacités sont les suivantes :

1. Tout commandant des divisions militaires, des départements ou des places, tout préfet, sous-préfet, ne peuvent, dans l'étendue des lieux où ils exercent leur autorité, faire ouvertement ou par des actes simulés, ou par interposition de personnes, le commerce de grains, farines, vins, etc., autres que ceux provenant de leurs propriétés. Ils ne. peuvent pas non plus prendre un intérêt dans les actes d'adjudication, entreprises ou régies, dont ils auraient au temps de l'acte l'administration (art. 176 du Code pénal).

2. Au terme de l'art. 31 de l'ordonnance du 1er août 1827, les agents forestiers ne peuvent trafiquer sur les bois.

En cas de contravention des agents ci-dessus énumérés à ces défenses, la vente qu'ils auraient passée serait parfaite, mais elle entraînerait contre eux la peine de la révocation et de l'incapacité d'exercer aucune fonction publique.

3. Prohibition est prononcée contre les saisis d'aliéner leurs immeubles saisis depuis le jour de la transcription de la saisie, à peine de nullité relative ; le tiers saisissant et les créanciers hypothécaires

ont, en effet, seuls le droit de l'invoquer. Quant au saisi ou à l'acquéreur, ils en sont incapables, à moins que les premiers ne trouvent un
intérêt dans leur demande, et si l'adjudication ne couvre pas le montant de leurs créances.

4. Le failli est incapable de vendre ses biens, à partir du jour de
la déclaration de la faillite.

5. Le mari, ni la femme, ni tous les deux conjointement ne peuvent, pendant la durée du mariage, aliéner le fonds dotal, soit au
moyen d'une vente privée, soit à l'aide d'une vente publique ; arrêt
du 5 mars 1833 (Rouen).

Ce principe n'est pas nouveau, nous le trouvons à Rome (loi *Julia*)
et avant la révolution dans les pays de Droit écrit.

L'incapacité du mari et de la femme à l'égard du fonds dotal disparaît.

a) L'immeuble dotal peut être aliéné, lorsque l'aliénation en a été
permise par le contrat de mariage (1557).

b) L'immeuble dotal peut encore être aliéné, pour tirer le mari ou
la femme de prison, pour fournir des aliments à la famille, pour
payer les dettes de la femme.

c) L'immeuble dotal peut être échangé contre un autre, s'il y a
utilité légalement constatée.

6. Défense est portée contre les mineurs de procéder seuls à la vente
de leurs biens meubles et immeubles ; ils ne peuvent pas non plus
acheter.

7. Les mineurs émancipés sont frappés de la même incapacité que
les mineurs, à l'égard de l'aliénation de leurs biens immeubles et des
rentes sur l'État de plus de cinquante francs de rente (loi du 24 mai
1806) ; mais ils peuvent procéder seuls à la vente de rentes sur l'État
d'une valeur de moins de cinquante francs. Les mineurs émancipés
jouissant du droit d'administrer, il en résulte qu'ils peuvent présider
seuls à la vente de leurs revenus et fruits, tels que denrées agricoles,
coupes de bois, pêche d'étangs. A l'égard de la capacité d'acquérir, les

émancipés sont placés sur la même ligne que les mineurs pour les immeubles ; quant aux meubles, ils peuvent s'en rendre adjudicataires, pourvu que l'acquisition ne dépasse pas leurs moyens pécuniaires.

8. Défense d'acquérir et de vendre est prononcée contre les femmes mariées, communes, non communes, séparées de biens ou mariées sous le régime dotal; à moins que leur mari n'ait concouru dans l'acte d'aliénation, ou bien ait donné son consentement par écrit, ou à défaut que la femme se soit fait autoriser par justice.

Cette règle souffre exception dans les cas suivants :

a) Les femmes marchandes publiques, qui ne sont pas mariées sous le régime dotal, peuvent procéder seules à la vente de leurs immeubles.

b) Les femmes non communes ou séparées de biens ont le droit de vendre leurs biens meubles.

9. Sont incapables de vendre, les interdits.

10. Les prodigues ne peuvent recevoir un capital mobilier, ni en donner décharge, ni l'aliéner sans l'assistance d'un conseil spécial nommé par le tribunal.

11. Une loi est nécessaire pour l'aliénation d'un bien de l'État (loi du 22 novembre 1790).

12. Les hospices, communautés religieuses, fabriques, bureaux de bienfaisance, ne possèdent le droit d'acquérir ou de vendre leurs biens, qu'en vertu d'une loi pour ceux dépassant une valeur de trois mille francs, et d'une autorisation du préfet pour ceux d'une somme moindre.

13. Les communes sont régies par les mêmes principes.

14. Les administrateurs ci-après désignés ne peuvent vendre les biens de leurs administrés, qu'en se soumettant à certaines formalités. Tels sont :

1° Les tuteurs ,

2° Les maires.

15. Le propriétaire d'une chose indivise peut vendre sa part avant

2

partage, toutefois cette vente sera soumise à une condition résolutoire pour le cas où la chose ne tombera pas dans le lot du vendeur.

16. Les morts civilement sont capables de vendre et d'acheter.
Ici se présente une question controversée; un mort civilement peut-il
faire constater par acte authentique la vente dans laquelle il est
partie? M. Troplong[1] se prononce pour la négative; selon cet auteur,
en accordant au mort civilement cette faveur, ce serait lui permettre
de réclamer la jouissance des droits civils; or, un mort civilement
ne peut assurément avoir cette prétention. Mais je crois que l'opinion
inverse est aussi soutenable; reportons-nous en effet à l'art. 25, al. 6,
qu'y lisons-nous: «Le mort civilement ne peut être témoin dans un acte
authentique.» Mais nous n'y trouvons pas un mot relativement à l'incapacité d'être partie; or, que conclure de ce silence, si ce n'est que
cette capacité n'est pas enlevée au mort civil.

Les exécuteurs testamentaires, les maris, quand les époux sont ma-
riés sous le régime de la communauté, les gérants d'une société, les
curateurs à succession vacante, l'héritier bénéficiaire, jouissent d'une
capacité exceptionnelle de vendre.

C. *Incapacité relative d'acheter.*

Certains incapables ne peuvent se rendre adjudicataires ni par
eux-mêmes, ni par personnes interposées.

Est-ce que l'on répute ici personnes interposées toutes celles énumérées dans les art. 1596 et 911?

Selon quelques auteurs, ces présomptions ne s'appliquent pas en
matière de vente: leur avis serait de reconnaître au juge un pouvoir
discrétionnaire; malgré toute la justesse de cette opinion, je ne puis
m'y ranger comme contraire à la jurisprudence (arrêt de la Cour de
Toulouse du 16 mars 1833.)

1. Tome Ier, page 248.

Cette question résolue, je reviens au sujet de cette section, c'est-à-dire à la nomenclature des personnes incapables d'acheter.

1. En tête de ces incapacités se place celle du tuteur à qui la loi défend de se rendre adjudicataire des biens meubles et immeubles de leurs pupilles.

2. Les curateurs, les conseils judiciaires, les subrogés-tuteurs peuvent-ils se rendre adjudicataires des biens de leurs pupilles? M. Duranton et Duvergier se basant sur le silence de l'art. 1589, prétendent que l'incapacité du tuteur ne frappe pas ces administrateurs. M. Troplong soutient au contraire que ces personnes sont incapables d'acheter; de ces deux opinions, celle-ci est évidemment la meileure: en voici les motifs. Ces personnes doivent surveiller les intérêts de leurs pupilles dans les ventes de leurs biens, la loi les crée pour ainsi dire parties dans ces adjudications; or, si ces administrateurs pouvaient acquérir, ils deviendraient leur auteur, résultat contraire à cette maxime, *nemo potest esse auctor in rem suam.*

3. Le mari cotuteur est frappé de la même incapacité (arrêt de la Cour de Limoges du 4 mars 1822).

4. Les mandataires ne peuvent se rendre adjudicataires des biens qu'ils sont chargés de vendre; il résulte de là :

a) Qu'un héritier bénéficiaire ne peut se rendre adjudicataire des biens de la succession, parce que c'est un véritable mandataire chargé de vendre.

b) Que l'avoué poursuivant la vente des biens d'un mineur au nom de son tuteur, est incapable d'acquérir; toutefois cette incapacité ne doit pas être étendue au cas où la licitation a pour objet les biens d'un saisi.

c) Le curateur à succession vacante est placé sur la même ligne que l'héritier bénéficaire.

5. Les administrateurs des communes ou des établissements publics ne peuvent acquérir les biens confiés à leurs soins.

6. L'art. 711 du Code de procédure emporte défense aux avoués

d'enchérir pour les membres du tribunal devant lequel se poursuit la vente, à moins que ces fonctionnaires publics ne soient créanciers du saisi.

7. L'art. 713 du Code de procédure déclare nulle l'adjudication de biens saisis au débiteur saisi.

8. Les incapacités étant de droit étroit, et la loi n'en établissant pas à l'égard de la femme du saisi, je ne vois aucun inconvénient à la déclarer capable d'acquérir.

Toute vente faite contrairement à la teneur de l'art. 1596 est frappée d'une nullité relative; en effet, le vendeur ou ses créanciers ont seuls le droit de l'invoquer; l'acheteur n'en jouit pas : la durée de cette nullité est de dix ans, pourvu que la vente ne résulte pas d'un jugement d'adjudication, auquel cas l'action en nullité s'éteint par les délais d'appel.

9. Les juges, les suppléants, les conseillers des Cours d'appel et de cassation, les membres du ministère public, les greffiers, huissiers, avoués, avocats près les tribunaux de commerce, les notaires, ne peuvent devenir cessionnaires de procès, droits et actions litigieux, qui sont de la compétence du tribunal dans le ressort duquel ils exercent.

Il y a désaccord entre les jurisconsultes relativement à l'interprétation du mot litigieux. Les uns, à cause de la rédaction de l'art. 1700, donnent à litigieux un sens restreint : d'après ces auteurs, il ne s'appliquerait qu'aux contestations existantes ; d'autres pensent, et je crois avec plus de logique, que le mot litigieux dans l'art. 1595 a un sens plus étendu ; qu'il désigne en un mot les procès, droits et actions, sur lesquels il y a contestation née ou à naître.

Voici les motifs déterminants de cette opinion : en première ligne se placent ces paroles tirées du Rapport de M. Portalis au conseil d'État : *Les juges ne peuvent se rendre adjudicataires des droits litigieux qui sont ou peuvent être portés devant leur tribunal;* de plus, les partisans de cette opinion invoquent la rédaction même de l'art. 1594. Si le législateur avait en effet voulu borner l'incapacité du juge aux droits sur lesquels il y a contestation, il n'aurait inséré dans cet article que le mot procès ; mais en y ajoutant celui de droit litigieux, il est évident qu'il a eu en vue les contestations à naître, car quel est le sens de cette expression, droit litigieux, si ce n'est titre sur lequel il y a contestation possible.

Les personnes mentionnées dans l'art. 1597 ne peuvent se rendre adjudicataires, ni par elles-mêmes, ni par personnes interposées, sous peine de nullité, des dépens et des dommages-intérêts; cette nullité n'est que relative; elle ne peut être invoquée, en effet, que par le cédant et le débiteur; celui-ci jouit en outre du recours de l'art. 1699 : par conséquent, il a la faculté de se faire tenir quitte par le cessionnaire, en lui remboursant le prix de la cession. Mais le débiteur ne pourrait pas invoquer cet article, si la nullité de la cession avait été prononcée, parce qu'alors il resterait soumis à l'action du cédant.

B. Deuxième condition essentielle a l'existence de la vente (une chose).

Un contrat de vente peut avoir pour objet, soit une chose existante, soit une chose à l'égard de laquelle il n'y a qu'espérance d'existence, pourvu qu'une des lois suivantes n'en prohibe pas l'aliénation.

1. La loi du 28 mars 1793 interdit la vente des effets militaires.

2. La loi du 28 mars 1816 ne permet la vente des cartes à jouer qu'à certaines personnes.

3. La vente du tabac, poudre, papier timbré, est soumise à certaines restrictions.

4. La loi du 6 et 23 messidor an III prohibe la vente des blés en herbe ou verts, à moins que ces grains ne fassent partie d'autres récoltes en maturité.

La Cour d'Agen a rendu un arrêt contraire à cette loi.

5. La chose de l'acheteur ne peut faire l'objet de son acquisition, vu que l'on ne peut acquérir ce qui nous appartient déjà. Mais si une personne est incapable d'acquérir sa propriété, aucune loi ne l'empêche de la dégager d'un droit qui la grève, ex. droit de servitude.

6. Ne peuvent faire l'objet d'une vente, les biens composant le domaine public; tels sont les grands chemins, routes, rues à la charge de l'État, les ports, rades, havres (art. 538), les portes, fossés, remparts des places de guerre; à cette nomenclature, il faut ajouter les choses qui ne peuvent appartenir à personne; telles sont l'air, l'eau, etc. etc.

7. La vente d'un bien grevé de substitutions est valable entre le vendeur et l'acheteur, mais elle ne produit aucun effet à l'égard du substitué, qui peut, à l'époque de la substitution, en demander la nullité.

8. Est prohibée l'aliénation d'un bien composant un majorat.

9. Les blés submergés ne peuvent être vendus.

10. La vente des boissons falsifiées est punie de la saisie des boissons.

11. Les pharmaciens et les épiciers ont seuls le droit de vendre les poisons.

12. La loi défend la vente des livres obscènes.

13. Les armes prohibées, telles que stylets, cannes à épées, ne peuvent être vendues publiquement.

14. La vente des produits étrangers sur le sol de France est ou défendue ou soumise à certains droits d'entrée.

15. De nos jours, les offices ne sont plus vénaux; il n'y a que certaines places, telles que celles de notaires, avoués, huissiers, dont les titulaires peuvent céder leurs démissions; cette matière est réglée par les lois du 28 août 1816, 25 juin et 10 juillet 1841.

Quid, si un fonctionnaire, dont l'emploi n'est pas vénal, traitait de sa démission avec son successeur, cette convention serait-elle valable? Les jurisconsultes professent la négative, la jurisprudence de la Cour

de cassation et des Cours royales se prononce pour l'affirmative; malgré la fausseté de ce second système, il me paraît convenable de s'y
ranger, parce que les opinions ne prévalent pas sur la loi.

16. La vente d'un brevet d'imprimeur ou de libraire est soumis,
par sa validité, à l'autorisation du gouvernement.

17. Les droits essentiellement personnels à leur propriétaire ne
peuvent faire l'objet d'une vente; tels sont les droits d'usage, d'habitation; cette règle souffre exception à l'égard du droit d'usufruit.

18. Sont encore inaliénables les soldes de retraite, les pensions et
traitements de réforme, les sommes qu'un créancier touche à titre
d'aliments.

19. A cette nomenclature de choses qui ne peuvent faire l'objet
d'une vente, nous devons ajouter la chose d'autrui.

D'après le Droit romain et la législation ancienne, la vente de la
chose d'autrui était valable; mais de nos jours il n'en est plus de
même, comme l'indique l'art. 1559 ainsi conçu: *La vente de la chose
d'autrui est nulle.*

Cette dérogation de notre législation aux anciens principes provient
d'un changement dans les effets de la vente. Autrefois, le vendeur ne
devait transférer à l'acheteur que la paisible possession de la chose
vendue; par conséquent, s'il accomplissait cette obligation, l'acheteur
n'avait aucune action contre lui et la vente était parfaite, quoiqu'il
n'eût reçu qu'un bien appartenant à autrui. De nos jours, au contraire, le vendeur ne doit pas se borner à procurer à l'acheteur la
paisible jouissance de la chose vendue; devoir lui est imposé d'en
transférer la propriété, comme l'indiquent les paroles de M. Grenier,
organe du tribunat; la vente doit avoir pour objet la transmission de
la propriété; or, pour que le vendeur puisse se conformer à cette condition, il doit être propriétaire de la chose vendue.

.....Voyons maintenant les effets de la vente de la chose d'autrui
passée contrairement à l'art. 1599; il faut distinguer entre le vendeur,
l'acheteur et le propriétaire.

a) *Propriétaire.* Ce dernier n'a pas besoin d'intenter une action en nullité pour arrêter les effets de cette vente, il peut se borner à invoquer l'art. 1165 du Code civil: *les conventions n'ont d'effet qu'entre les parties contractantes.* De cette décision découle pour le propriétaire une conséquence importante relativement à la durée du droit d'agir; comme il n'intente pas une action en nullité, il s'ensuit que la prescription de dix ans ne lui est pas applicable, mais qu'il peut revendiquer sa chose pendant dix, vingt ou trente ans, selon la bonne ou la mauvaise foi des parties.

b) *Vendeur.* Celui-ci a le droit de demander la nullité de la vente jusqu'à l'époque où il a mis l'acheteur en possession de la chose vendue; ce système qui est suivi par la jurisprudence, est combattu par les auteurs comme contraire à l'application de l'art. 1599.

c) *Acheteur.* Avant d'énumérer ses droits, il faut distinguer s'il est de bonne ou de mauvaise foi.

1° S'il est de bonne foi:

1) Il peut provoquer la nullité de la vente, soit par une demande principale, soit exceptionnellement, même après sa mise en demeure; il suffit qu'il soit en danger de trouble, pour qu'il puisse invoquer l'exercice de ce droit.

2) Il a droit aux dommages-intérêts alloués par l'art. 1630.

3) Comme possesseur de bonne foi, il fait siens tous les fruits qu'il a recueillis; par conséquent, il n'est pas obligé d'en rendre compte au propriétaire.

4) L'acheteur peut enfin opposer l'action publicienne des Romains au tiers qui intenterait contre lui une action possessoire, mais il ne jouirait pas de ce droit contre l'action pétitoire et possessoire du véritable propriétaire; car la loi ne permet à personne de se faire un titre de sa possession pour commettre une usurpation.

2° Si l'acheteur est de mauvaise foi, il possède le droit de demander la nullité de la vente.

L'action en nullité du vendeur et de l'acheteur s'éteint, conformément à l'art. 1304, par le laps de temps de dix ans.

La vente de la chose d'autrui devient valable :

a) Par l'acquisition à titre onéreux ou gratuit que le vendeur fait du véritable propriétaire.

b) Par la ratification postérieure du propriétaire.

c) Si le véritable propriétaire devient héritier du vendeur, ce mode de valider la vente, dont l'efficacité paraît douteuse au premier abord, est cependant très-logique ; voici pourquoi : l'action en éviction, que le véritable propriétaire a le droit d'intenter, sera repoussée par l'exception de garantie que l'acheteur aurait pu opposer au vendeur, au droit duquel il se trouve, et qu'il est autorisé à invoquer contre lui, comme son successeur, conformément à cet adage : *Quem de evictione tenet actio, eumdem agentem repellit exceptio.*

Ce principe, que la vente de la chose d'autrui est nulle, reçoit exception :

1° Si elle est faite sous la condition que le vendeur acquerra la chose, auquel cas, la validité de la vente est subordonnée à une condition suspensive.

2. En matière commerciale, à l'égard des objets des transactions de cette nature, que le vendeur ne possède pas à l'époque de la vente, mais qu'il a pouvoir et intention d'acheter plus tard (Paroles de Grenier au corps législatif).

3. On peut vendre *in genere* les choses que l'on ne possède pas encore, mais que l'on achètera plus tard en blés, vin, huile.

4. La vente de la chose d'autrui est valable, si le vendeur se porte fort de la faire ratifier par le propriétaire (arg. de l'art. 1120), ou peut se porter fort.

5. L'État a le droit de vendre la chose d'autrui, s'il y a utilité légalement constatée (arrêt du 25 décembre 1825 ; Dalloz, 26, 1, 86).

6. L'art. 2221 ainsi rédigé, *en fait de meubles possession vaut titre*, ne permet d'appliquer la disposition de l'art. 1599 aux ventes de

5

meubles appartenant à autrui, c'est-à-dire de les déclarer nulles qu'en cas de perte et de vol; encore si le possesseur de la chose volée ou perdue l'a achetée dans une foire ou un marché, il ne peut en être dépouillé par le véritable propriétaire, qu'après remboursement du prix d'acquisition.

7. La vente d'une hérédité faite par un héritier apparent à un acquéreur de bonne foi est aussi valable.

20. *De la vente d'une succession avant son ouverture.* Un héritier ne peut vendre la totalité ou une quote-part de ses droits à la succession d'une personne vivante, même avec son consentement. La jurisprudence est constante à reconnaître comme nulle la vente partielle de droits successifs, malgré le silence de l'art. 1600, qui ne prévoit que celle de la totalité d'une succession; s'il en était autrement, les héritiers éluderaient la disposition de cet article au moyen de ventes partielles, et par là empêcheraient son application.

La vente d'une succession future est frappée d'une nullité susceptible d'être invoquée pendant trente ans.

L'acheteur de bonne foi d'une succession future a droit, en cas de résiliation du contrat, à des dommages-intérêts, non pas en vertu de l'art. 1600, puisqu'il garde le silence sur ce point, mais en vertu de l'art. 1338 : *Quiconque cause à autrui un dommage doit le réparer.*

La loi mentionne des cas exceptionnels, où les conventions sur les successions futures sont permises.

1. Une de ces exceptions se trouve énumérée dans l'art. 1082.

21. Il n'y a pas non plus de vente, si la chose vendue a péri en totalité avant la convention; par conséquent l'acheteur est autorisé à réclamer le prix de vente, s'il l'a payé, et à ne pas le verser s'il n'a pas encore accompli cette obligation. L'action de l'acheteur ne s'éteint que par la prescription de trente ans et non par celle de dix ans, comme on l'a souvent prétendu, parce qu'ici l'acheteur se fonde non sur l'art. 1304, mais sur l'art. 1376, qui permet de réclamer une chose indûment payée. Tels sont les droits dont jouit l'acheteur, s'il a été de bonne

foi; mais s'il connaissait la perte de la chose, il ne peut répéter le prix qu'il a payé.

Les règles énumérées ci-dessus ne s'appliquent plus, si la perte n'est que partielle; dans ce cas, l'acheteur a le droit de demander la partie conservée, en faisant déterminer le prix par la ventilation, ou d'exiger la résiliation de la vente; il ne jouit toutefois de ce dernier bénéfice, que si la perte était, relativement au tout, de telle conséquence que l'acheteur n'eût point acquis s'il avait pu prévoir l'éviction de cette partie; de plus, si la perte était connue du vendeur au moment de la vente, l'acheteur aurait droit à des dommages-intérêts.

Si l'acheteur était de mauvaise foi, sa position serait la même qu'en cas de perte totale; par conséquent, il ne pourrait réclamer le prix s'il l'avait déjà payé, etc.

L'art. 1601 est applicable en matière commerciale, parce que ce Code, promulgué postérieurement au Code civil, ne déroge pas à l'art. 1601.

C. TROISIÈME CONDITION ESSENTIELLE A L'EXISTENCE DE LA VENTE (PRIX).

La troisième condition nécessaire à l'existence de la vente, c'est le prix; sans cet élément, il n'y a pas vente : *sine pretio nulla emptio est.*

Trois caractères sont indispensables pour la validité du prix.

1. Il doit être en argent monnayé;
2. Sérieux;
3. Déterminé.

1. Le prix doit être en argent monnayé; la loi n'avait pas besoin de parler de cette condition; elle est de rigueur, autrement il n'y aurait pas vente, mais échange. Il ne faut pas croire, quand le texte de la loi dit que le prix doit être en argent, que l'acheteur est obligé de verser du numéraire au vendeur; loin de là, il suffit que les parties soient convenues du prix, mais elles peuvent changer cette conven-

tion. Ainsi, l'acheteur se libère souvent en denrées d'une valeur égale au prix fixé; bien plus les parties ont la latitude de stipuler portion du prix en argent, portion en nature.

Le prix consiste quelquefois encore dans le service d'une rente viagère ou dans l'obligation de nourrir, loger, entretenir le vendeur.

2. Le prix doit être sérieux, c'est-à-dire proportionné à la valeur de la chose vendue, sinon il n'y a pas vente, mais donation. Telle est, par exemple, l'aliénation d'un bien moyennant une rente viagère, dont les arrérages sont inférieurs à la valeur des revenus de la chose vendue. S'il y a un prix de stipulé, mais qu'il soit vil, la vente existe en réalité, seulement le vendeur peut en demander la résolution, s'il éprouve une lésion de plus des sept douzièmes.

3. Le prix doit être déterminé : sa fixation peut être faite par les parties ou par des tiers; si ce sont les parties qui règlent le prix, elles doivent concourir toutes les deux à le former. Toute convention dérogeant à cette règle serait nulle.

Les parties peuvent convenir que le prix consistera en une somme connue seulement du vendeur, ex. qu'il sera égal au prix qu'il a payé pour l'acquisition de sa chose.

Les contractants ne sont pas forcés d'indiquer dans le contrat le chiffre du prix; il suffit qu'ils stipulent de le régler plus tard ; cette hypothèse se rencontre dans la convention de vendre la propriété au prix des voisines.

Nous avons dit plus haut que les parties sont maîtresses de faire régler le prix par des tiers ; si elles adoptent ce parti, elles doivent nommer le tiers expert dans le contrat de vente; en cas de refus de sa part de remplir cette charge, il ne peut être remplacé par d'autres experts nommés en justice. Quand le prix doit être fixé par arbitres, la vente devient conditionnelle; de là il résulte que la propriété n'est transmise à l'acquéreur qu'à partir du jour de l'estimation, et que la chose reste jusqu'à cette époque aux risques et périls du vendeur.

Des effets du contrat de vente.

Avant d'expliquer les principes du Droit actuel sur les effets de la vente, je vais retracer en résumé ceux des législations romaine et ancienne.

A Rome, la vente était classée parmi les contrats consensuels ; elle se formait, en effet, par le seul consentement des parties contractantes sur la chose et le prix, sans leur présence et sans l'emploi d'aucune écriture. Il résultait de là que le consentement intervenu, les parties étaient liées définitivement ; le désistement de l'une d'elles ne suffisait pas pour les dégager, il fallait un accord réciproque. De plus, comme le contrat de vente existait réellement, deux actions prenaient naissance, l'une en faveur du vendeur, l'autre au profit de l'acheteur.

Quant à la propriété, le consentement des parties était insuffisant ; pour son transfert, la loi exigeait une seconde condition : la tradition.

L'ancien Droit avait adopté ce principe ; mais les années développant les lumières, les jurisconsultes de ce temps commencèrent à douter de la nécessité de la tradition et introduisirent le constitut possessoire.

Cet état de chose dura jusqu'à la grande révolution, époque où le bouleversement qui s'opéra dans les idées, amena une rénovation dans presque toutes nos lois, et notamment dans cette matière. La Constitution de l'an VII y a remplacé la tradition comme mode de transférer la propriété des immeubles par la transcription ; chaque vente s'annonçait alors comme les hypothèques par des signes certains dont l'existence empêchait les tiers d'être trompés.

Les rédacteurs se sont encore écartés de la loi de brumaire dans leur théorie sur les effets de la vente ; ils partent de ce principe que, si une simple manifestation de volonté suffit pour acquérir, elle doit avoir la même force pour aliéner : de là ils concluent que le consentement des parties transfert par lui seul la propriété. Par conséquent, aujourd'hui les effets de la vente sont plus nombreux qu'à Rome : d'abord les parties sont liées définitivement par le simple consentement sur la chose et le prix ; de plus, l'acheteur devient propriétaire sans tradition, ni transcription.

Telles sont les conséquences résultant du contrat de vente entre les parties ; mais à l'égard des tiers, on distingue si la vente a pour objet un meuble ou un immeuble.

1. La vente d'un immeuble est parfaite à l'égard des parties et des tiers par le seul consentement ; par conséquent, si une personne vend un immeuble à deux acheteurs successifs, celui dont le titre remonte le plus loin sera le préféré.

2. Quant aux meubles, ce principe est abandonné ; ici la tradition prévaut sur le consentement, comme le prouve la rédaction de l'art. 1141 : *Si la chose qu'on s'est engagé à livrer à deux personnes successivement est purement mobilière, celle des deux qui en a été mise en possession la dernière, sera préférée et en demeure propriétaire, encore que son titre soit antérieur en date, pourvu toutefois que sa possession soit de bonne foi.*

Quelques auteurs soutiennent que le système de translation de propriété, indiqué à l'art. 1583 pour les immeubles, n'est pas celui qui est adopté par le Code, mais bien la tradition ; ils argumentent pour raisonner ainsi de l'art. 1303 qui, en cas de perte, astreint le débiteur à transférer au créancier les droits qui lui restent sur cette chose. Or, disent ces jurisconsultes, si la propriété était réellement transférée par le seul consentement des parties, le créancier jouirait de tous les droits qui en découlent sans être obligé de les demander ; mais il est facile de réfuter cet argument, l'art. 1303 ne constituant qu'une distraction du législateur, dont la pensée n'a pas été de rédiger un article qui vînt détruire le principe positivement énoncé dans les art. 711 et 1138. Enfin, une preuve encore plus convaincante de l'efficacité du consentement des parties pour transférer la propriété, se tire des nombreuses exceptions indiquées par le Code à cette règle ; en dernier lieu, pour compléter la réfutation de ce système, je dirai que la transcription ayant remplacé la tradition, comme mode de transport de la propriété, ce n'est pas cette seconde formalité, mais la première dont l'appui serait nécessaire, si toutefois la loi en exigeait une.

Cas exceptionnels où la propriété n'est pas transférée immédiatement par le consentement des parties.

La propriété n'est pas transférée immédiatement à l'acheteur quand la vente est soumise à une condition suspensive, ou a pour objet deux ou plusieurs choses alternatives.

1. VENTE SOUMISE A UNE CONDITION SUSPENSIVE.

Lorsque la vente est subordonnée à une pareille condition, la chose vendue reste la propriété, et par conséquent aux risques du vendeur; celui-ci peut donc la céder jusqu'à l'événement de la condition; mais cette vente est à son tour soumise à une condition résolutoire, parce que si l'événement à laquelle la première aliénation est subordonnée s'accomplit, elle a un effet rétroactif au jour où l'engagement a été contracté; partant, elle rend l'acheteur propriétaire incommutable à partir de cette époque. Voici quelques exemples de ventes soumises à une condition suspensive.

A. *Vente de marchandises au poids, à la mesure, en bloc.*

La vente en bloc est parfaite par le seul consentement des parties contractantes; de là il résulte que celles-ci sont liées définitivement, et que la propriété de la chose vendue est transmise à l'acquéreur aussitôt qu'il y a accord sur la chose et le prix.

Quand la vente a pour objet des marchandises vendues au poids, au compte, à la mesure, elle est parfaite relativement au lien qui unit les parties : celles-ci ne peuvent, en effet, revenir sur leurs engagements que par un accord mutuel ; mais cette vente ne produit pas les mêmes résultats quant à la propriété, cette dernière reste sur la tête du vendeur qui supporte les risques de la chose vendue jusqu'au pesage. L'acheteur ne devient propriétaire qu'après cette opération nécessaire pour arriver à la spécification de la chose ; cette qualité est indispensable pour la validité de la vente, puisqu'elle met les parties d'accord sur la chose et le prix (arg. de l'art. 1585.)

Quelques auteurs s'attachant à la lettre de l'art. 1585, qui ne parle que des risques sans s'exprimer sur la propriété, prétendent qu'elle est transmise à l'acquéreur avant le mesurage, c'est-à-dire aussitôt la convention formée ; mais cette opinion est fausse. Pour le prouver, je n'ai qu'à rappeler les paroles de M. Faure, orateur du tribunat du corps législatif : *l'acheteur des marchandises ne devient propriétaire que lorsqu'elles auront été comptées, pesées ou mesurées ; car jusque-là rien n'est déterminé, et tant qu'il n'y a rien de déterminé, les marchandises restent aux risques du vendeur.* De plus, l'art. 1138, qui fait des risques l'accessoire de la propriété, conformément au vieil adage romain : *Res perit domino,* est encore une preuve plus convaincante.

B. *Vente au goût.*

À l'égard du vin, de l'huile et des autres denrées que l'on est dans l'habitude de goûter, il n'y a pas vente tant que l'acheteur ne les a pas goûtées et agréées, quoique les parties soient d'accord sur la chose et sur le prix ; l'acquéreur ne goûte pas toujours lui-même les marchandises ; les parties s'accordent quelquefois pour confier ce pouvoir à des arbitres, bien plus il y a des cas où les experts doivent déguster ex. en matière commerciale.

Il importe de rechercher, pour les effets de cette vente, qui doit déguster :

1° Si la dégustation doit être faite par des experts, la vente lie irrévocablement les deux parties, mais elle ne transmet pas la propriété.

2° Si l'acheteur essaie lui-même la chose, le contrat n'engendre qu'une obligation unilatérale à l'égard du vendeur ; celui-ci doit livrer la chose sur la demande de l'acheteur, mais ce dernier ne peut être contraint à l'accepter.

Si une contestation s'élevait entre les parties pour savoir si les marchandises ont été approuvées par l'acheteur, les juges devraient se prononcer pour l'affirmative, exemple, après livraison des marchandises ou apposition du sceau de l'acheteur.

C. Vente à l'essai.

Dans l'ancien Droit, cette vente était présumée faite sous une condition résolutoire ; aujourd'hui elle est censée conclue sous une condition suspensive : il résulte de là que la propriété de la chose vendue ne passe à l'acheteur qu'à partir du moment où il l'a essayée. Comme celui-ci, pour faire cette opération, est obligé de se servir de la chose, on la lui confie pendant quelque temps ; mais cette détention ne lui donne que le droit d'en user et non d'en abuser. L'acheteur doit essayer pendant le temps fixé pour cette opération, à moins que les parties n'aient rien stipulé à cet égard, auquel cas le vendeur pourra s'adresser aux tribunaux pour faire déterminer un délai. Si, après l'essai, l'acheteur ne consentait pas à prendre la chose, le vendeur aurait la ressource de faire nommer des experts chargés de l'essayer, excepté si l'objet a été acquis pour un usage personnel : l'acheteur peut alors se refuser à l'accepter, si elle ne lui plaît pas.

2. Vente soumise a une condition résolutoire.

Cette vente est régie par les art. 1183 et 1185 du Code civil.

3. Vente de choses alternatives.

Dans les ventes de cette nature, le vendeur est libéré par la délivrance de l'une des deux choses qui étaient comprises dans la vente (art. 1182).

Le choix de ces choses appartient au vendeur, s'il n'a été expressément accordé à l'acheteur (art. 1190). Il peut se libérer en délivrant l'une des deux choses vendues; mais il n'a pas le droit de forcer l'acheteur à recevoir une partie de l'une et une partie de l'autre. Cette vente devient pure et simple, quoique contractée d'une manière alternative, si l'une des deux choses ne pouvait faire l'objet d'une obligation ; il en de même en cas de perte.

Des promesses de vente.

Ces promesses sont ou unilatérales ou synallagmatiques.

Des promesses unilatérales. On appelle ainsi une promesse faite par le propriétaire d'une chose de la vendre à une personne moyennant un prix que celle-ci de son côté ne s'engage pas à payer. Cette stipulation ne vaut pas vente, puisqu'au terme de l'art. 1589, il n'y a que les promesses synallagmatiques qui possèdent ce caractère. Ceci posé, recherchons quels sont les effets produits par cette promesse. Elle engendre une obligation qui autorise l'acheteur, ou bien à exiger du vendeur la délivrance de la chose vendue, et à défaut à obtenir un jugement qui lui transfère la propriété de la chose vendue (arrêt de la Cour de Paris du 10 décembre 1826).

Ces promesses se font avec ou sans délais.

1° S'il y a un délai de stipulé, la partie à qui les offres ont été faites, doit les accepter avant son expiration, sinon le vendeur est dégagé.

2° S'il n'y a pas de délai convenu, le vendeur est tenu de sommer l'acheteur d'accepter les offres, après quoi il est délié, si cette partie ne répond pas.

Lorsque l'acheteur déclare prendre la chose aux conditions proposées, son acceptation ne produit pas un effet rétroactif au jour où les offres ont été faites. M. Duranton professe cependant l'opinion contraire. Selon cet auteur, l'acceptation de l'acheteur n'est que la réalisation d'une condition suspensive, à laquelle cette vente était subordonnée; mais il y a ici erreur, vu que l'acceptation représente un élément nécessaire à la validité de la vente, c'est-à-dire le consentement de cette partie.

De l'adoption de ce principe, on conclut que le propriétaire conserve cette qualité jusqu'à la réponse de l'acheteur, et, comme tel, qu'il garde le droit de louer et de céder sa chose à un tiers, sauf les dommages auxquels celui-ci aura droit, s'il est évincé.

Des promesses de vente synallagmatiques. Une promesse de cette nature existe, quand une personne promet de vendre sa chose à une autre, moyennant un prix déterminé que celle-ci s'engage à payer.

Cette promesse, d'après l'art. 1589, vaut vente; si elle a le caractère de cette convention, ses effets doivent être les mêmes : cette conséquence n'est pas cependant adoptée par tous les jurisconsultes.

MM. Aubry et Rau enseignent que cette promesse produit les mêmes effets qu'une vente parfaite ; par conséquent, d'après ces auteurs, elle transfert la propriété de la chose vendue à l'acheteur, et elle la met à ses risques et périls, aussitôt la vente conclue. D'autres jurisconsultes, notamment MM. Toullier, Troplong, Duvergier, Valette, prétendent que cette promesse n'engendre qu'une obligation de faire, en vertu de laquelle l'acheteur peut contraindre le vendeur à lui livrer la chose. Cette opinion est, je crois, préférable à la première; en voici les motifs : 1° Celui qui promet de vendre ne vend pas encore; il a la volonté de vouloir, mais non de vendre; il s'oblige à le faire plus tard, par conséquent, il faut un nouveau contrat pour qu'il cesse d'être propriétaire; 2° le législateur, en disant que cette promesse de vendre vaut vente, n'a voulu, comme le rapporte fort bien M. Grenier, organe du tribunat au corps législatif, que conserver cette convention, dont l'usage existait dans l'ancien Droit; or, si nous ouvrons les recueils de la législation antérieure à 89, que lisons-nous sur les effets de ce contrat, si ce n'est qu'il donnait naissance à une obligation de faire, en vertu de laquelle le vendeur pouvait être contraint par jugement à livrer la chose, l'acheteur à solder le prix. Si tels étaient les effets que produisait autrefois cette convention, il doit en être de même aujourd'hui, puisque les rédacteurs du Code nous avertissent qu'ils la conservent dans son essence primitive. Si ces motifs ne paraissent pas concluants, on peut en puiser un qui est meilleur dans la jurisprudence de la Cour de cassation et des Cours royales, dont plusieurs arrêts ont sanctionné ce système. De cet exposé, nous apercevons que le vendeur peut louer et disposer de nouveau de sa chose malgré la promesse de vente.

A ce sujet se rattache la matière des arrhes; ce qui m'amène à parler maintenant des *promesses faites avec arrhes* (art. 1590.

Si la promesse de vente est faite avec des arrhes, elle perd son caractère d'irrévocabilité; par conséquent les parties peuvent revenir sur leurs engagements, l'acheteur en perdant les arrhes, le vendeur en rendant le double de la somme qu'il a reçue.

Les arrhes ajoutées non à une promesse de vente, mais à une vente, donnent à cette convention le caractère d'une promesse, par conséquent les parties ont la faculté de se départir.

On n'applique plus cette règle s'il est constant que les parties ont entendu faire une vente parfaite : alors le caractère des arrhes varie suivant les modalités de la convention. Telle est l'opinion de M. Troplong : mais je la rejette avec MM. Aubry et Rau, pour me ranger à leur système, qui considère comme arrhes toutes les sommes versées par l'acheteur au vendeur, soit dans une vente, soit dans une promesse de cette nature.

Des clauses spéciales qui peuvent être ajoutées au contrat de vente.

La loi accorde aux parties la liberté d'insérer dans le contrat de vente toute clause spéciale qu'elles jugent convenable....... Le nombre de ces conventions étant considérable, je me bornerai à indiquer les plus usitées. Telles sont :

Le pacte de préférence, ancien *pactum promitiseos* des Romains, le pacte commissoire (art. 1656 et 1657), la faculté d'élire command, le retrait conventionnel (1659), la clause de subordonner la validité de la vente à un écrit, le *pactum addictionis in diem*, le pacte de réméré.

DEUXIÈME PARTIE.

Des obligations du vendeur.

SECTION PREMIÈRE.

DISPOSITIONS GÉNÉRALES.

Le vendeur est astreint d'indiquer clairement dans le contrat de vente ce à quoi il s'oblige, sinon toute clause obscure ou ambiguë s'interprète d'abord d'après les règles générales sur l'interprétation des conventions, et, en cas d'impossibilité d'appliquer ce principe contre le vendeur lui-même, ce système n'est suivi qu'à l'égard des clauses concernant la chose, le prix, les obligations de délivrance et de garantie; quant aux autres conventions, on les interprète contre l'acheteur. Cette théorie, proclamée dans le second alinéa de l'art. 1602, se lie parfaitement avec l'art. 1650, combiné à l'art. 1162. En effet, l'art. 1650 fait de l'acheteur le débiteur principal de l'obligation; d'après les termes de l'art. 1162, toutes les clauses du contrat s'interprêtent contre celui qui a stipulé et en faveur de celui qui a contracté.

Le vendeur obligé ou non à transférer la propriété, doit procurer à l'acheteur la paisible jouissance de la chose vendue; de là résultent pour lui deux obligations, celle de délivrer et celle de garantir. L'obligation de délivrer est indivisible ou divisible, selon la nature de l'objet vendu.

L'obligation de garantie est, au contraire, de son essence, indivisible.

L'acheteur, pour contraindre le vendeur à l'exécution de ses promesses, a contre lui une action tantôt réelle, tantôt personnelle, selon son but final. S'il veut obtenir la propriété de sa chose, l'action est réelle, par conséquent elle est opposable au vendeur et aux tiers-détenteurs; mais dans le cas où l'acheteur agit pour forcer son auteur à remplir ses obligations, l'action est pure, personnelle et comme telle, opposable seulement au vendeur et à ses héritiers.

SECTION II.

DE LA DÉLIVRANCE.

On appelle ainsi l'acte par lequel le vendeur fait passer la chose vendue entre les mains de l'acheteur, de manière qu'il ne se réserve aucun moyen d'exercer ou de faire valoir par un tiers, pour son propre compte, le droit qu'il a conféré, et afin que l'acheteur en acquiert la possession à titre de propriétaire; tel est le sens de l'art. 1604 qui définit la délivrance, *le transport de la chose vendue en la puissance et possession de l'acheteur.*

L'obligation de délivrance s'accomplit par la tradition qui, de nos jours, n'est plus nécessaire pour conférer à l'acheteur la propriété de la chose vendue, le consentement produisant seul ce résultat; mais si la tradition ne présente aucune utilité sous ce point de vue, elle sert d'un autre côté à reconnaître à partir de quelle époque le vendeur a accompli son obligation de délivrance, et par conséquent a mis l'acheteur à même de jouir des avantages de la possession, complément indispensable de la propriété.

Le Droit romain reconnaissait deux sortes de traditions, la réelle ou remise de la chose vendue de main à la main, et la symbolique qui consistait en de pures fictions. Notre législation s'est écartée de ce principe: elle déclare toute tradition réelle; ce système est préférable. Prenons en effet pour exemple un acte constituant, une tradition feinte des Romains, la remise des clefs; aucune fiction n'apparaît dans cette opération; on n'y voit qu'une conséquence de ce principe, que le débiteur d'une chose doit la délivrer avec ses accessoires: les clefs d'un bâtiment en sont l'accessoire.

Plusieurs auteurs, s'appuyant d'arrêts, soutiennent une opinion contraire, mais c'est à tort: 1° parce qu'il est impossible d'arguer des termes de l'art. 1506, par *la délivrance réelle,* que la loi fait des autres modes de tradition autant de feintes; 2° cette expression, tradition réelle, doit être prise dans un autre sens que celui sous lequel les jurisconsultes romains l'envisageaient: ici tradition réelle ne veut pas dire réellement opérée, mais plus ou moins évidente aux yeux des tiers; d'où il faut conclure que la personne dont la possession est évidente, claire pour tous, doit être préférée dans une contestation à celui dont la possession quoique réelle est moins apparente.

La tradition varie suivant la nature de la chose vendue.

Meubles. — Le consentement des parties suffit pour en opérer la tradition, s'il y a impossibilité absolue de les déplacer; tel est le cas où la chose est dans un lieu éloigné de celui de la formation du contrat.

Tel est encore celui où l'acheteur la possède déjà au moment de la vente, comme dépositaire, créancier gagiste, etc. ; mais il n'en serait plus de même si l'acheteur, au lieu de détenir la chose en cette qualité, n'avait obtenu du vendeur qu'un ordre de l'enlever ; dans cette hypothèse, la vente serait parfaite entre les parties contractantes. Mais à l'égard des tiers, on la considérerait comme n'existant pas ; par conséquent, celui qui serait mis en possession réelle de la chose, quoique l'ayant achetée postérieurement au premier acquéreur, ne pourrait en être évincé :

1° Par le sceau apposé par l'acheteur sur la chose vendue ;

2° Par le pesage des marchandises dans les ventes au poids, au compte, à la mesure ;

3° Par la remise manuelle de la chose ;

4° Par la remise des clefs du bâtiment renfermant la chose vendue.

Immeubles. — Leur tradition s'opère :

1° Par la remise des clefs, pourvu que le propriétaire ne reste pas en possession de la chose vendue ;

2° Par la clause de constitut et de précaire ;

3° Par le consentement des parties, quand l'acheteur détenait la chose au moment de la vente comme locataire, créancier gagiste, dépositaire, usufruitier.

Choses incorporelles. — La tradition des droits d'usage, d'habitation, d'usufruit, de servitudes, de créance, s'opère par le simple consentement des parties. — La transmission de ces droits s'effectue aussi par la remise des titres qui les constatent.

Cette tradition est suffisante entre les parties, mais pas à l'égard des tiers; pour qu'on puisse leur opposer la cession comme parfaite, elle doit leur être signifiée au moyen d'un acte authentique.

Le vendeur étant obligé de livrer la chose, il en résulte que tous les frais occasionnés par la délivrance sont à sa charge ; ainsi il doit dégager la chose si elle est entre les mains d'un créancier gagiste ; il supporte les frais de mesurage, comptage, pesage dans les ventes faites sous ces conditions ; mais le vendeur n'étant pas tenu de transporter la chose vendue au domicile de l'acheteur, les frais occasionnés par l'emballage, le chargement et le transport, sont payés par celui-ci.

Telles sont les règles applicables à la délivrance, si les parties n'y ont pas dérogé par des conventions particulières ; mais les obligations du vendeur ne se bornent pas là : il doit délivrer la chose au lieu et au temps fixés ; toute contravention de sa part à cette règle donne à l'acheteur la faculté ou d'exiger la résiliation de la vente ou de se faire envoyer en possession de la chose vendue. Si l'acheteur demande la résolution de la vente, le vendeur doit lui restituer le prix s'il l'a reçu, et, dans le cas contraire, il ne peut le réclamer; que l'acheteur emploie cette première voie, ou qu'il se fasse envoyer en possession de la chose vendue, il a droit à des dommages et intérêts, si la non-restitution provient de la faute du vendeur (art. 1610).

Quels sont ces dommages et intérêts, et quand l'acheteur peut-il les exiger ?

1° Il y a deux espèces de dommages : les intrinsèques et les extrinsèques :

a. On range dans la première catégorie ceux qui représentent la perte que l'acheteur éprouve par suite de la non-livraison de la chose vendue et le gain dont il est privé, exemple : par suite de la non-livraison du cheval que j'ai acheté de Paul, je suis obligé de m'en procurer un second que je paie beaucoup plus cher, une augmentation de prix étant survenue dans la valeur de ces animaux à l'époque de ma seconde acquisition. Dans cette hypothèse, les dommages auxquels j'ai droit représenteront la différence du prix que j'ai versé pour me procurer un second cheval.

b. Les dommages et intérêts extrinsèques sont la réparation du préjudice éprouvé par l'acheteur, non pas directement, mais indirectement par suite de la non-exécution de l'obligation du vendeur. Exemple : l'acquéreur a perdu ses récoltes, parce qu'il n'a pas reçu les chevaux du vendeur assez à temps pour ensemencer ; ici les dommages doivent représenter la valeur des récoltes perdues.

2° Quand les dommages sont-ils dus ? L'acheteur y a droit en cas de refus ou de retard dans la livraison ; mais la somme des indemnités varie selon que le vendeur s'est rendu coupable de l'une ou de l'autre de ces abstentions :

a. En cas de refus, les dommages doivent représenter *a*) la valeur de la chose non-livrée ; *b*) le gain dont l'acheteur est privé par suite de la non-livraison.

b. Les dommages et intérêts dus pour retard ne peuvent pas être fixés d'une manière générale : leur quantité varie suivant que la chose vendue a reçu une détérioration ou a diminué de valeur, etc.

En règle générale, les dommages ne sont pas dus de plein droit ; l'acheteur est obligé, avant de les réclamer, de mettre le vendeur en demeure.

Le vendeur n'est tenu de délivrer la chose vendue que s'il a touché la totalité du prix (art. 1612). Ce droit de rétention dont il jouit est très-juste ; quelle est en effet la cause de son obligation, si ce n'est le prix que l'acheteur s'engage à lui verser ; or, en cas de refus de sa part de se soumettre à ce devoir, l'engagement du vendeur n'a plus de cause ; par conséquent, il n'est tenu par aucun lien. De plus, la chose vendue étant considérée comme un gage restant entre les mains du vendeur, on peut dire que l'acheteur ne peut le forcer à lui livrer la chose, s'il n'a payé que partie du prix (arg. de l'art. 2083), *le gage étant de sa nature indivisible*. Mais le vendeur ne peut se retrancher derrière l'art. 1612 et partant, se refuser à livrer la chose, en cas de non-payement, lorsqu'il a accordé à l'acheteur un terme pour se libérer. Toutefois la règle ordinaire reprend son empire si, depuis la vente, l'acheteur est tombé en faillite ou en déconfiture ; on a diminué par son fait les sûretés qu'il avait données à son créancier, à moins qu'il ne donne à ce dernier une nouvelle garantie.

Voici en résumé les obligations que la délivrance impose au vendeur : tradition de la chose au temps et aux lieux désignés; mais à ces deux devoirs, il faut en ajouter un troisième : livraison de la chose dans l'état où elle se trouve au moment de la vente.

Le vendeur doit livrer la chose dans l'état où elle est à l'époque de la vente; de là découle l'obligation de transférer tous les objets suivants :

1° La chose ;

2° Les fruits qui appartiennent à l'acheteur du jour de la vente, à moins que le vendeur ne les recueille en compensation des intérêts du prix ;

3° Les augmentations survenues à la chose depuis la vente, ex. alluvion ;

4° Les accessoires : tels sont les objets attachés à la chose à perpétuelle demeure ;

5° Le vendeur est obligé de délivrer la contenance, telle qu'elle est portée au contrat (art. 1616).

Cette dernière obligation reçoit exception dans deux cas :

1° La première, mentionnée dans l'art. 1617, est relative à la vente d'un immeuble déterminé à tant la mesure, dont la contenance et le prix total sont en outre fixés au contrat. Cette vente, que M. Duranton range parmi les ventes conditionnelles, est pure et simple, et pour le prouver je n'ai qu'à invoquer l'art. 1622, qui autorise l'acheteur à demander la résiliation du contrat, en cas de déficit ; or, pour qu'une convention puisse être résiliée, il faut qu'elle existe. De ce système il résulte 1° que les risques de la chose vendue sont pour le compte de l'acheteur, et 2° que le mesurage ne constitue pas une condition de la vente, mais un moyen de contrôle pour vérifier si la chose vendue contient ou non la quantité promise.

Le mesurage terminé, s'il y a un déficit dans la contenance, l'acheteur a le droit de demander une diminution du prix, proportionnée au nombre de mesures qu'il ne reçoit pas ; outre ce pouvoir, la loi lui accorde l'action en résiliation du contrat, s'il a acheté l'immeuble pour une certaine destination connue du vendeur et à laquelle le défaut de mesures la rendît impropre (Zachariæ).

Si, au lieu de déficit, il y a excédant de contenance, l'acquéreur est tenu de payer un supplément de prix, à moins que le surplus ne dépasse d'un vingtième la quantité indiquée au contrat ; alors il a l'option ou de fournir le supplément du prix ou de se désister de la convention.

Ici se présente une question importante à résoudre, puisqu'au terme de l'art. 1817, il y a vente quand même le vendeur est dans l'impossibilité de délivrer la chose vendue ; comment le concilier avec l'art. 1601 qui autorise l'acheteur à demander la nullité de la vente, si une partie seulement de la chose a péri ? Voici comment nous pourrons arriver à ce résultat.

L'art. 1601 s'applique aux ventes en bloc ; l'art. 1817 aux ventes à la mesure.

2. La seconde exception à l'art. 1617 est traitée art. 1619, lequel s'occupe de la vente d'un fonds déterminé ou d'un corps de biens dont la contenance est indiquée, conclue pour un prix fixe et non à tant la mesure. Cette vente produit le même effet, quoique les parties aient stipulé qu'elles vendaient le fonds à tant la mesure, ou à tant la mesure le fonds. Ce système a été adopté de nos jours pour trancher la controverse qui existait entre les anciens jurisconsultes relativement aux conséquences résultant de l'emploi de l'une ou de l'autre de ces formes. Dans cette vente, l'acheteur n'a droit à une diminution de prix que si le défaut de contenance produit une différence d'un vingtième sur le prix total. De même le vendeur ne peut réclamer une augmentation de prix que s'il y a excédant de contenance de plus d'un vingtième.

Si l'objet vendu consiste dans deux fonds cédés par le même contrat pour un prix unique et avec désignation de la mesure de cha-
cun; après le mesurage, le déficit de l'un se compense avec l'excédant
de l'autre.

L'action en supplément et celle en diminution de prix doivent être
intentées dans l'année à partir du jour du contrat ou du mesurage,
si les parties ont fixé un jour pour cette opération: les rédacteurs du
Code ont borné la durée de ces actions à ce laps de temps, parce que
cette période suffit pour reconnaître une erreur dont la vérification
est possible à tous les instants. D'ailleurs, un délai plus long jetterait
trop d'incertitude dans les affaires de la vie; cette prescription ne
s'applique pas aux ventes mobilières: à leur égard on rentre dans la
règle commune; par conséquent, l'acheteur jouit d'un délai de trente
ans. Cette prescription court contre toutes personnes, même privilé-
giées.

Les principes que nous venons d'exposer peuvent être modifiés
par des clauses spéciales; le vendeur se dérobe à l'obligation de garantie de contenance par l'insertion *de la clause sans aucune garantie de contenance*, expressions qui démontrent suffisamment l'intention de soustraire la quotité du prix de vente à l'opération du mesurage.

Quid juris, qui supporte la perte de la chose vendue avant le mesurage? l'acheteur conformément à la maxime, *res perit domino.*

SECTION III·

GARANTIE.

La seconde obligation du vendeur consiste à garantir la chose vendue après sa livraison. Cette garantie comprend deux objets:

1º Assurer à l'acheteur la paisible possession de la chose vendue.

2º Garantir les vices redhibitoires.

1. Garantie pour cause d'éviction totale ou particlle.

L'éviction est la dépossession de tout ou partie de la chose vendue, ordonnée en justice contre l'acheteur, ou l'abandon volontaire fait par lui sur une demande intentée par un tiers en vertu d'un droit de propriété ou d'hypothèque antérieurs à la vente et procédant du chef du vendeur. Il y a encore éviction dans le cas de simple trouble apporté à la possession de l'acheteur; mais qu'appelle-t-on ainsi? 1° La demande en délaissement dirigée par un tiers détenteur contre l'acheteur; 2° le refus fait par le possesseur de la chose de la délivrer.

Les troubles et évictions soufferts par l'acheteur donnent naissance en sa faveur à un droit de garantie, qui peut être exercé soit au moyen d'une action, soit au moyen d'une exception.

1. *Action en garantie.* Cette action est accordée à l'acheteur:

a) Si la cause d'éviction est antérieure au contrat de vente, peu importe d'ailleurs qu'elle provienne ou non de la faute du vendeur, qu'il en ait eu ou non connaissance.

b) Si l'éviction, quoique postérieure au contrat, résulte du fait ou de la faute du vendeur.

Le droit d'exiger la garantie disparaît:

1° Devant la clause de non-garantie; toutefois cette stipulation ne libère le vendeur que de l'obligation de payer les dommages et intérêts; quant à la restitution du prix, il y est toujours astreint, à moins qu'il n'ait averti l'acheteur de la cause d'éviction, ou que celui-ci ait déclaré acheter à ses risques et périls. Ce second pacte qui, au premier abord, paraît très-rigoureux contre l'acheteur, se justifie cependant très-bien, parce que le vendeur, dans cette hypothèse, est censé n'avoir pas aliéné la chose, mais le droit incertain qu'il possédait sur elle; aussi range-t-on cette convention parmi les ventes aléatoires.

2° L'acheteur n'a droit ni à la restitution du prix, ni à des dommages, si l'éviction provient de sa faute; tel est le cas où il s'est laissé condamner sans appeler en garantie le vendeur, qui avait des moyens de repousser l'action intentée contre lui.

3° Si l'acheteur est ayant-cause du vendeur primitif, ex. son héritier, alors en effet il est débiteur et créancier de la garantie ; il réunit dans sa personne deux qualités qui permettent l'application de la maxime : *quem de evictione tenet actio, eumdem agentem repellit exceptio.*

4° L'acheteur ne peut réclamer au vendeur des dommages, s'il connaissait à l'époque de la vente l'éviction qui pesait sur la chose vendue, à moins qu'il n'ait stipulé garantie expresse, pouvoir que lui accorde un arrêt de la Cour de cassation du 28 juillet 1832. Malgré cette clause, aucune garantie ne serait due à l'acheteur, si l'acquisition était contraire aux lois, ex. récel de la chose volée.

5° L'éviction que l'acheteur souffre par suite d'une surenchère ne lui donne pas le droit d'agir en garantie, si le vendeur l'avait averti de l'existence de l'hypothèque du créancier surenchérisseur.

6° L'acheteur n'a droit à aucune garantie, s'il est évincé par suite d'une force majeure ou du fait du gouvernement (18 août 1828, C. de c.).

7° La garantie n'est pas due à l'acheteur, malgré une stipulation expresse à cet égard dans les ventes de biens faisant partie d'une substitution et dans celles de biens dotaux.

8° L'acheteur n'a aucune indemnité à requérir du vendeur, s'il a laissé un tiers prescrire contre lui ; peu importe que la cause de prescription soit antérieure ou postérieure au contrat.

L'action en garantie appartient à l'acheteur, à ses héritiers, et à toutes personnes ayant acquis un droit de lui, ex. créanciers hypothécaires. Il en est ainsi, quoique ces personnes n'aient pas un recours à exercer contre leur auteur. Connaissant les personnes à qui cette action compète, examinons maintenant son but. Elle est accordée à l'acheteur pour forcer le vendeur à prendre son fait et cause, en un mot sa défense. Cette charge consistant en une obligation de faire est indivisible ; par conséquent, s'il y a plusieurs vendeurs ou plusieurs héritiers de cette partie, l'acheteur peut se borner à en attaquer un seul et le forcer à prendre sa défense; sauf, bien entendu, le recours de celui-ci contre ses coassociés. Après cet appel en cause, si les moyens de défense des garants ne suffisent pas pour sauver l'acheteur de l'éviction, il acquiert contre eux un nouveau droit, celui de leur réclamer des dommages et intérêts. Cette nouvelle obligation étant divisible, vu qu'elle a pour objet une dation, il en résulte que l'acheteur doit diviser son recours contre tous les garants au *prorata* de leurs parts.

L'action en garantie peut être exercée par l'acheteur soit postérieurement à la demande principale, soit après le jugement qui intervient sur cette demande.

Exception de garantie. La garantie peut être invoquée au moyen d'une exception opposable : 1° A l'action en revendication du vendeur devenu propriétaire de la chose vendue postérieurement à la vente ; 2° au véritable propriétaire devenu héritier du vendeur et comme tel tenu des obligations de son auteur ; 3° ou bien au mineur devenu héritier de son tuteur, qui a aliéné par erreur ses biens ; 4° cette exception est enfin utile contre les cautions et héritiers des cautions du vendeur pour les droits qui leur appartiendraient sur la chose vendue. L'héritier bénéficiaire n'étant pas tenu de respecter les obligations de son auteur, ne serait pas repoussé par cette exception.

Si le vendeur ne peut libérer l'acheteur de l'éviction qui le menace, il est obligé de lui restituer le prix d'acquisition, malgré la diminution de valeur de la chose, sa détérioration ou sa perte partielle survenues avant cet incident, soit par cas fortuit, force majeure ou négligence de l'acheteur. On raisonne ainsi à l'égard de la négligence, parce que cette partie, pouvant se croire propriétaire, était en droit d'user de sa chose comme bon lui semblait. Le vendeur est libéré de son obligation de restituer la totalité du prix, s'il en a déjà rendu une partie à l'acheteur, pour l'indemniser d'une charge qui grevait la chose vendue et qu'il n'avait pas déclarée, ou bien si cette partie a reçu du propriétaire le prix des améliorations apportées par son auteur à la chose vendue.

J'ai dit plus haut que le vendeur doit rembourser le prix. Ses obligations ne se bornent pas à cette seule indemnité ; il est tenu de restituer à l'acheteur les frais et loyaux coûts du contrat, les frais de mesurage et de purge, les fruits dont l'acheteur fait état au propriétaire qui l'évince, enfin les dommages. Si la chose dont l'acheteur est évincé a augmenté ou diminué de valeur à l'époque de l'éviction, le vendeur de bonne et de mauvaise foi lui doit des dommages et intérêts ; il importe même peu à cet égard que l'augmentation de valeur ait pris naissance indépendamment du fait de l'acquéreur, qu'elle provienne de réparations, d'améliorations utiles, ou bien même de dépenses voluptuaires ou d'agrément.

Le montant des dommages varie selon la bonne ou la mauvaise foi du vendeur.

1. S'il a été de bonne foi, il n'est astreint à rembourser à l'acquéreur que le montant de la plus-value provenant de circonstances indépendantes de sa volonté, ou des améliorations utiles qu'il a faites à la chose ; encore ces dommages ne représentent-ils pas toujours la plus-value ; les tribunaux sont autorisés à n'allouer que celle qui est susceptible d'être prévue.

2. Le vendeur de mauvaise foi doit les réparations utiles et celles de pur agrément.

Les parties sont libres de déroger par des conventions particulières aux règles sur la garantie.

Extension de la garantie. — Si les parties se sont expliquées à cet égard, le vendeur répond de l'éviction, résultat du fait du gouvernement ou de la force majeure ; une simple promesse, vague de tous troubles et évictions, fait rentrer les parties dans la règle commune.

Restriction de la garantie. — L'acheteur peut restreindre l'obligation de garantie du vendeur, soit en le dispensant de payer des dommages et intérêts, soit en l'absolvant de garantie pour quelques causes d'éviction seulement, ou pour une seule, soit en n'exigeant que la restitution du prix pour toutes les causes d'éviction.

6

2. *Éviction partielle.*

Pour fixer les dommages-intérêts auxquels l'acheteur a droit dans cette hypothèse, on distingue quelle est la quantité dont il est évincé.

1° Si l'éviction est d'une telle importance relativement au tout que l'acheteur n'eût point acheté, s'il eût pu la prévoir, il a droit de faire résilier la vente.

2° S'il n'emploie pas cette voie, ou bien si l'éviction est d'une faible importance relativement au tout, il obtient une diminution du prix proportionnée à la valeur de la chose vendue à l'époque de l'éviction.

3. *Garantie de défauts cachés.*

L'acheteur a encore droit à garantie :

1° Si les servitudes actives, énoncées dans le contrat comme existant en faveur de l'héritage, sont fausses.

2° Quand l'héritage se trouve grevé de charges non apparentes et dont l'acheteur ignorait l'existence. Ces deux conditions sont essentielles pour donner naissance au recours de cette partie. Si son auteur l'avait averti, soit expressément, c'est-à-dire par une déclaration, soit tacitement, c'est-à-dire par la remise des titres mentionnant cette servitude, il serait privé de tout recours, à moins que la chose n'eût été cédée franche et quitte de toutes charges.

A quelles indemnités l'acheteur a-t-il droit? On distingue, si l'éviction est d'une telle importance relativement au tout que l'acheteur n'eût pas acquis s'il eût pu la prévoir ; il peut requérir alors la résiliation de la vente ou faire procéder par experts à une diminution de prix, d'après la valeur de la chose à l'époque de l'éviction. Si l'éviction est peu importante, l'acheteur n'a droit qu'à une diminution de prix.

Telles sont les règles relatives à la restitution du prix ; mais là ne se bornent pas les obligations du vendeur, l'acheteur est en droit d'exiger souvent des dommages-intérêts.

Cette action en garantie se prescrit par trente ans.

Les parties peuvent déroger à ces dispositions : 1° en imposant au vendeur une obligation plus étendue, ex. en stipulant cette clause franche et quitte de toutes charges ; 2° en restreignant la garantie. A l'égard de ces clauses, j'ajouterai que les parties doivent s'exprimer d'une manière expresse sur leur efficacité, parce que les tribunaux les considèrent presque toujours comme des clauses de style.

2. Garantie des vices redhibitoires.

Le vendeur doit non-seulement livrer à l'acheteur la propriété et la paisible jouissance de la chose vendue, il est encore obligé de la lui fournir propre à l'usage auquel il la destine, par conséquent exempte de vices, sinon l'acheteur jouira de l'action redhibitoire.

Cette garantie est due dans les ventes de meubles et d'immeubles. A l'égard de ces dernières, M. Duranton élève des doutes ; mais son opinion n'est pas admissible en présence de la rédaction de l'art. 1681. qui n'établit aucune différence entre ces ventes.

Les vices donnant naissance à l'action redhibitoire se divisent en généraux et spéciaux. Dans la classe des généraux on range ceux réunissant les trois conditions suivantes :

1° L'existence à l'époque de la vente ;

2° L'existence inconnue de l'acheteur ;

3° Il faut que ces vices rendent la chose impropre à l'usage auquel elle est destinée, ou qu'ils diminuent tellement cet usage que l'acquéreur ne l'aurait pas achetée, s'il en avait eu connaissance.

La loi n'indique aucun vice de cette nature ; elle s'en rapporte pour la solution de cette question à la prudence des tribunaux.

Quant aux vices redhibitoires spéciaux, on distingue si l'objet vendu est ou non un animal ; au second cas les juges déterminent eux-mêmes s'il y a vice redhibitoire ; au premier, ils doivent s'en référer à la loi de 1838.

Actions auxquelles les vices redhibitoires donnent naissance.

Distinguons encore la nature de l'objet vendu.

1. Dans les ventes et échanges d'animaux domestiques, l'acheteur ne peut qu'intenter l'action redhibitoire, ou en résiliation de la vente, l'action *quanti minoris* lui étant refusée depuis la loi de 1838.

2. Si la vente a pour objet une chose autre qu'un quadrupède, l'acheteur a l'option d'intenter l'action redhibitoire ou *quanti minoris*; mais il ne peut invoquer l'une après avoir échoué sur l'autre.

Effets de ces deux actions.

L'action *quanti* permet à l'acheteur d'obtenir une diminution du prix d'acquisition, d'après une estimation faite par experts. L'action redhibitoire a pour but de délier les parties, par conséquent de les remettre dans l'état où elles étaient avant la vente. Pour arriver à ce résultat, le vendeur et l'acheteur doivent se conformer aux obligations suivantes :

1. *Vendeur.* Ses obligations varient suivant qu'il connaissait ou non les vices de la chose. S'il en avait connaissance, ou s'il était obligé de les connaître à raison de son état, la loi l'astreint à restituer le prix, les intérêts à partir du jour du paiement et les frais occasionnés par la vente : telle est la nourriture de l'animal grevé d'un vice redhibitoire depuis sa mise en fourrière. En cas de bonne foi, les restitutions du vendeur se bornent au prix et frais résultant de la vente.

2. *Acheteur.* Cette partie doit restituer la chose : pas de difficulté si elle est dans le même état qu'à l'époque de la vente. Mais quelle sera la position de l'acheteur en cas de perte, de détériorations ou d'augmentations survenues depuis la convention?

a) La perte provenant de la faute de l'acheteur ou d'un cas fortuit, est pour le compte de cette partie, par conséquent il n'a aucun recours contre le vendeur.

b) Si la chose a péri par suite des vices dont elle était grevée, la perte sera pour le vendeur, qui devra à l'autre partie des dommages-intérêts (art. 1645 et 1646).

L'action redhibitoire ne produit pas un effet rétroactif à l'égard des tiers, par conséquent tous les droits concédés par l'acheteur depuis son acquisition sont maintenus.

Durée de ces actions.

La loi a restreint la durée de ces actions à un bref délai. Voyons par quel laps de temps elles se prescrivent. Dans les ventes et échanges d'objets autres que des animaux, ces actions s'éteignent d'après l'usage des lieux, et à défaut les tribunaux décident. Dans les ventes d'animaux, la durée de l'action redhibitoire est, non compris le jour fixé pour la livraison, de trente jours, en cas de fluxion périodique des yeux, d'épilepsie, de neuf jours pour les autres infirmités.

La garantie pour vices redhibitoires n'est pas due dans les ventes faites par autorité de justice, parce que le vil prix auquel ces aliénations se concluent ordinairement est regardé comme une compensation des évictions à venir.

JUS ROMANUM.

---

1. Definitio venditionis.

Emptio venditio est contractus juris gentium, nominatus, bonæ fidei, qui partes mutua obligatione perfecte adstringit et qui contrahitur, si de pretio inter eas convenerit. Hoc contractu vacuam possessionem non dominium transferre tenetur venditor.

2. De essentia venditionis et emptionis.

Subjicitur tribus conditionibus venditio.
1° Consensui;
2° Rei;
3° Pretio.

A. *Consensus.*

Nudo consensu venditio peragitur, quamvis pretio non numerato re non tradita (D. l. 18, t. 1, § 9). Ceterum ut valeat consensus de re et de pretio esse oportet. Si dissensus est inter partes, de re, sive de pretio, non valet emptio (D. l. 18, t. 1, § 9) si de substantia, non de re, dissentiant, emptio non valet (D. l. 18, t. 1, § 9).

Si non errant de re, sed de ejus nomine, perfecta est emptio venditio, quia nullius rei error nominis, cum de re constat (D. l. 18, t. 1, § 9).

De arrhis. Sæpe arrhæ ex pecunia vel ex certa re ab emptore venditori dantur; quales effectus ex datione arrhum fiunt! discernendum
(D. l. 18, t. 1, § 9).

Ante Justinianum, venditionem et emptionem arrhæ testantur. Cum
contractus resolvi non posset nisi mutuo dissensu, consequebatur ut
partes non poterant se recusare ab adimplando contractu, etsi emptori perierint arrhæ quas dederat, venditor arrhum duplum restitue-
rit. — Ex Justiniano tempore, arrhæ habentur loco retractationis qua
emptor et venditor ab emptione recedere possunt (Inst. l. 3, t. 23, §. 1).

B. *Res.*

Nec emptio nec venditio sine re quæ veneat potest intelligi, aliquan-
do tamen sine re venditio intelligitur. Veluti cum quasi alea ; emptio
enim contrahitur, quamvis nullus avis inciderit, quia spei non rei
emptio est (D. l. 18, t. 1, § 8).

Rem venditam oportet esse in commercio et in potestate venditoris,
sed non autem in dominio, quia Romæ rei alinæ venditio valet, tan-
tummodo res emptori auferri potest vindicatione domini. Hac duplici
conditione res vendi potest, et parum interest sit corporalis vel incor-
poralis, certa vel universitatis.

Sunt res quæ venire non possunt (D. l. 18, t. 1, l. 2).

Res quæ in commercio non sunt; sicut liberi homines, loci sancti
et religiosi, littora maris, viæ publicæ, oportet quærere quid ex tali
venditione fiat (D. l. 18, t. 1, § 4).

a. Si emptor seiens rem non esse in commercio, emerit, frustra emit
(Inst. l. 2, t. 23, § 5).

b. Si emptor bonæ fidei esset, non ex re tradenda, sed ex empto
agere poterit ut consequatur quod sua interest deceptum non esse.
(Inst. l. 3, t. 23 § 5).

48

C. *Pretium.*

Pretium constitui oportet; nam emptio vinditio non valet sine pretio; unde hoc nondum oblato ad rem tradendam venditor cogi non potest. (Inst. l. 3, t. 23, § 1).

Quatuor conditiones sunt de essentia pretii.

1. Certum debet esse pretium, nam si arbitrio emptoris relinqueretur, venditio non valeret. Sed si inter partes hoc stipulatum sit, ut quanti arbiter rem æstimabit tanti erit empta, constat venditio. Imo emptio valet cum tanti res venditur quanti venditor emit, non enim incertum est pretium, quamvis ignoraverit emptor quanti res empta fuit (Inst. l. 3, t, 23, § 1).

2. Oportet verum pretium esse; deficiente hac conditione aut ficto pretio, est donatio non vera venditio; attamen si donationis causa vili pretio venditur res, nisi intra virum et uxorem venditio valet. (D. l. 18, t. 1).

3. Pretium debet esse justum, si res multo minoris quam æque venditur, decet ut venditor vel pretio restituto rem recipiat, vel si emptori placet quod justo pretio deest consequatur.

4. Pretium numeratæ pecuniæ esse debet, non nullius ponderis tamen esset venditio, si emptor pecuniæ carens, datione aliarum rerum se redimeret, non enim pretii numeratio sed conventio perficit emptionem (D. l. 18, t. 1, § 5).

3. De his qui vendere possunt.

1. Equidem sub hac lege debitor qui solvendo non est qui si hanc regulam violaverit, creditores ex prætorum edictis venditionem dolose contractam rescendere possunt (D. l. 18, t. 1, § 4).

2. Inter patrem et filium emptio prohibitur (D. l. 18, t. 1, § 9).

3. Maritus fundum dotale alienare non potest, quoad mulieri actio de dote competerit.

4. Tutori rem pupilli emere interdicitur, eadem lex porrigenda est ad curatores, procuratores, et qui negotia aliena gerunt (D. l. 18, t. 1, § 34).

5. Furiosi non habent jus vendendi (C. l. 3, t. 38 ; Loi 8).

6. Liberi a parentibus nisi propter nimiam paupertatem ægestatem que vendi non possunt (Inst l. 1, T. de p. p.).

4. De effectibus venditionis.

A. *De periculis et commodis.*

Emptione et venditione contracta, statim periculum et commodum rei venditæ ad emptorem transeunt: inde sequitur ut emptor rem talem qualem est accipere tenetur, sive aucto sive minuto pretio ; dummodo hoc damnum sine dolo et culpa venditoris accidat: huic legi derogatur (C. l. 3, t. 48).

1. Si ante venditionem res perierit, tum periculum venditori incumbit.

2. Si venditio est sub conditione subjecta ; in hac conventione pericula vel commoda emptorem usque ad eventum conditum tenent: Exempli gratia, quasdam venditiones proponam.

a) Si tertii alicujus arbitrio pretii æstimatio relinqueretur.

b) Cum contrahentes venditionem sine scriptura perfectam esse non volunt. Tunc priusquam instrumentum venditionis conditum sit emptio non valet.

c) Venditio adhuc sub conditione subjecta, si intra certum diem res est emptori degustanda.

3. Cum res quæ in suo genere fungi possunt, numero, pondere, mensurave vendideris, priusquam hæc admensa, numerataque fuerint,

7

commoda vel pericula emptorem spectant, quibus vero venditis, in aversione commodum vel periculum ex origine venditionis emptorem spectant.

B. *De obligationibus venditoris.*

1. Certo loco temporeque cum accessionibus et fructibus perceptis post inclusam venditionem res tradenda est (D. l. 18, t. 1, § 6).

2. Venditor tenetur servare rem eique cum patris familias diligentia invigilare, sed custodiam præstare non debet nisi eam pollicitus erit (D. l. 18, t. 6).

3. Lex vult ut venditor emptorem ab evictione defendat si de dominio lis est, etsi in conventione se nexu obligaverit et rem venditam, alienam esse ignoraverit. Huic legi obtemperare venditor tenetur, nisi emptor jussu judicis evictus fuerit, et nullam se defendi rationem omiserit; igitur actionem venditori emptor debet denunciare et petere ut ab eo defendatur. Si emptor ab evictione non defenditur, quid damni venditor præstabit, ex tota re evictus emptor in venditorem, aut in pretium, aut in rem ipsam recuperandum, regressum habet. Si tantum ex parte rei emptor evincitur in venditorem agere ei licet pro evicta parte.

Obligatio damni infecti a partibus augi vel minui potest; damnum augitur, si partes stipulatu duplæ conveniunt qua emptor ab universitate evictus, rei duplum pretium obtinet. Oblgatio sponsionis minuitur.

a. Si inter partes convenerit venditorem, evictione secuta damno pretii inferiore obligatum iri.

b. Si hoc stipulatum est non ad pretium restituendum sed ad rem defendendam teneri venditorem.

Non tenetur evictione venditor, si ex præcepto principis aut fortuito casu evenerit.

3. Venditor emptori rem venditam ab occultis vitiis vacuam præstare debet (D. l. 21; t. 1, § 1). Labeo scribit hanc regulam de vendi-

tionibus rerum esse tam earum quæ soli sint quam earum quæ sunt
mobiles aut moventes. Hac obligatione venditor tenetur, quamvis eum
fugierint vitia, nec immerito potuit ea nota habere. Neque enim interest emptoris utrum venditoris ignorentia aut dolo fallatur.

Prætera promissa de præcipuis qualitatibus scilicet verba quæ non
ad laudem nudam pertinerit, veluti plane si dixerit servum nec furem
nec aleatorem esse, debet venditor ea præstare. Sed dicta quæ ad
laudem nudam pertinent, his venditor non tenetur (D., l. 21; t. 1, § 2)

Ceterum emptori ejus que heredibus duo actiones dantur, per quas
ab occultis vitiis servantur. Hæ duo actiones vocantur redhibitoria
aut æs timatoria et quanti minoris (D. l. 22, T. 2). Actio redhibitoria
per sex menses utilis, qui ex die venditionis currunt. Actio quanti minoris per sex menses utilis est. Hæc lex non pertinet ad venditiones
fiscales (D. l. 21, t. 1, § 6).

C. *Actiones.*

Ex emptione et venditione duo actiones oriuntur directæ, princi-
pales vocatæ, prima venditi quæ in dominio venditoris est, secunda
empti quæ competit emptori, actionibus venditor pretium, emptor
traditionem rei petere possunt (C. l. 3, t. 49, § 5).

D. *Pacta adjecta.*

1. Pactum reservati aut reservatæ hypotecæ, hoc pacto potest venditor pignerari rem venditam, aut sibi servare hypotecam in ea quoad
pretium solutum erit.

2. Pactum de evictione præstenda quo venditor desinit esse sponsor.

3. Pactum commissarium quo stipulatur ut si unus contrahentium
suam obligationem non observaverit alius suo vinculo liberatur, inde
si intra certum tempus, pretium non solvitur, potest venditor aut pre-

tium petere aut commissariam legem sequi sed nec potest, si commissariam elegit, postea variare (D. l. 18, t. 1, § 8).

Pactum de non alienendo quod personæ certæ rem vendere emptori prohibet.

Pactum displicentiæ quo id agitur, ut si res contrahentibus displicuisset, inempta sit. Ulpianus scribit non conclusam esse sub conditione suspensa hanc venditionem sed sub conditione resolutiva (D. l. 18, t. 1, § 3).

E. De rescindenda venditione.

1. Emptio venditio sicut contrahentium consensu existit ita consensu contrario resolvitur (D. l. 18, T. 5, de Cont. cons.).

2. Emptio unius contrahentium rescinditur, si hoc jus in stipulatione ei reservatur (D. l. 1, t. 5, Julien.).

3. Acceptliatione (D. l. 18, t. 5, Julien.).

4. Rei interitu (D. l. 18, t. 5, Julien.).

5. Sententia præsidis (D. l. 18, t. 5, § 9).

6. Si læsionem ultra dimidiam rei emptæ patiatur venditor. Hoc jus evanescit : (a) Si expresse vel tacite renunciatur; (b) si publica est venditio; (c) si æquo pretio rem vendere heredem suum jusserit testator; (d) si aleatoria est venditio quia spes est loco res et incertum potius fortunæ lucrum quam res emitur.

DROIT COMMERCIAL.

De la capacité de contracter par lettres de change et particulièrement des femmes, des filles et des mineurs.

Le droit de s'obliger par lettres de change appartient, *en général*, à toutes personnes, et même à toute espèce de société légalement constatée, sans distinction de celles qui font le commerce d'avec celles qui ne le font pas, pourvu que ces personnes soient capables de contracter; car, malgré toute la faveur due à la lettre de change, le législateur n'a pas pu s'écarter à son égard des principes généraux des conventions.

J'ai dit en général; en effet, cette règle subit des exceptions, lesquelles résultent de prohibitions et d'incapacités.

1. PROHIBITIONS.

1. La première de ces prohibitions frappe les agents de change et les courtiers; les fonctions de ces personnes étant de servir d'intermédiaires dans les opérations commerciales, et notamment dans celle du contrat de change, il a paru prudent de leur interdire de prendre

aucun intérêt dans ces opérations; car autrement ils auraient pu se créer un monopole ou se livrer à des spéculations nuisibles au commerce de leurs commettants, par suite de la connaissance qu'ils auraient de leurs affaires.

2. Un décret du 14 décembre 1810 enlève aux avocats le droit de faire le négoce, et partant celui de s'obliger par lettres de change.

Les prohibitions, portées contre les agents de change, les courtiers et les avocats, s'effacent devant la nécessité; aussi ces personnes peuvent-elles s'obliger par lettres de change dans leur propre intérêt.

Effets de la lettre de change souscrite par ces personnes.

La lettre de change, souscrite par un agent de change, un courtier ou un avocat, n'est pas frappée de nullité; de là, le porteur peut en exiger le paiement, et à défaut contraindre le souscripteur par corps. Cette contravention n'entraîne contre ces fonctionnaires signataires d'une lettre que les peines suivantes :

1. La loi prononce contre les agents de change et courtiers la peine de la destitution, et une amende qui sera prononcée par le tribunal de police correctionnelle et qui ne peut être au-dessus de trois mille francs, sans préjudice de l'action des parties en dommages et intérêts (art. 87 du Code de commerce).

2. A l'égard des avocats, la loi de 1814 autorise le conseil de l'ordre à prononcer contre le contrevenant, soit l'interdiction temporaire, la radiation du tableau, etc. (art. 18, tit. 2, loi de 1814).

2. INCAPACITÉS.

Je passe maintenant aux incapacités : ce sujet comporte trois divisions; dans la première, je parlerai de l'incapacité mentionnée dans l'art. 113; dans la deuxième, je traiterai du mineur; dans la troisième, j'envisagerai les effets de la lettre de change par rapport aux personnes intéressées autres que l'incapable.

A. *Des filles, femmes, veuves.*

La capacité de contracter des femmes, filles et veuves, reçoit exception dans le contrat de change; ces personnes ne peuvent s'obliger par lettres de change, soit comme tireur, comme endosseur ou souscripteur; cette disposition de la loi est basée sur la faiblesse de la femme, que la loi a voulu protéger en lui rendant impossible une forme de contracter qui peut l'exposer à de grands dangers; de plus, elle est la conséquence de l'art. 2066 du Code civil.

L'art. 2066 du Code civil et de la loi de 1848 sur la contrainte par corps, lesquels prohibent cette voie de recours contre les femmes.

Que devient la lettre de change souscrite par les filles, les femmes et les veuves, contrairement à la teneur de l'art. 113 ? est-elle nulle ? ou bien ne vaut-elle que comme simple promesse ? C'est ce dernier caractère qu'elle conserve; par conséquent, elle produit tous les effets d'une lettre de change ordinaire, hormis celui de la contrainte par corps. Une preuve évidente de cette opinion résulte de la compétence des tribunaux de commerce, appelés à statuer sur les contestations qui s'élèvent à l'égard des lettres de change souscrites même par des femmes, etc.

La lettre souscrite par la femme ne vaut comme simple promesse que sous les conditions établies par la loi; si donc la femme qui l'a souscrite était mariée, elle ne sera valable qu'autant qu'elle l'aura faite avec l'autorisation de son mari.

L'incapacité des filles, femmes, veuves, disparaît devant la qualité de marchande publique.

Ici se présente une question; l'incapacité de la femme s'étend-t-elle jusqu'à ne pas pouvoir signer de lettres de change pour autrui? Non, l'art. 113 ne reçoit plus son application dans cette hypothèse; en effet, quel est le motif déterminant de l'incapacité qu'il prononce? la crainte que la femme contracte un engagement dont elle n'aurait pas prévu les conséquences. Or, cette appréhension ne peut exister ici, puisque la femme lie le tiers au nom duquel elle signe et non elle-même.

B. *Mineur*.

Autrefois le mineur était capable de signer une lettre de change; mais de nos jours, ce droit lui est enlevé : le législateur, dans sa prévoyance, ne s'est pas même borné à lui appliquer la règle commune, c'est-à-dire, à accorder au mineur le pouvoir de demander la nullité de la lettre de change qui lui occasionne un préjudice; il va plus loin, en déclarant nulles, de plein droit, toutes les lettres de change souscrites par cet incapable (114).

Quels sont les motifs déterminants de cette dérogation de la législation actuelle aux anciens principes? M. Locré nous les indique dans son ouvrage intitulé : *De l'esprit du Code de commerce*, t. II, p. 43; il était à craindre qu'un jeune homme emporté, par la fougue des passions, aveuglé par l'inexpérience, ne s'obligeât inconsidérément par des lettres de change simulées, pour dettes de jeu, de débauche, ou pour obtenir de l'argent d'un usurier.

Une autre raison se tire encore de la forme nouvelle de la procédure devant les tribunaux de commerce. Autrefois le mineur lésé par une lettre de change, pouvait, s'il était attaqué en paiement, opposer comme exception sa lésion, mais aujourd'hui que les exceptions sont prohibées devant ces tribunaux, il fallait remplacer cette ressource du mineur : c'est ce que le législateur a accompli en rédigeant l'art. 114.

J'ai dit plus haut que la lettre de change, souscrite par un mineur, est nulle de plein droit; ajoutons que cette nullité, reposant sur une présomption d'incapacité, n'admet pas la preuve contraire.

Pourquoi cette différence entre les effets de la lettre de change souscrite par un mineur ou une femme mariée ? Elle résulte de la gradation admise par la loi dans la capacité de ces deux personnes ; celle du mineur étant beaucoup plus restreinte que celle de la femme, il est évident que le législateur devait se montrer plus rigoureux à l'é-gard de la validité de l'acte souscrit par le premier : c'est ce qu'il a fait par la disposition de l'art. 114.

L'incapacité du mineur disparaît devant la qualité de marchand.

Si le mineur négotiant, qui a souscrit une lettre de charge, dénie cette qualité, comment reconnaîtra-t-on qu'il l'exerce ?

Les juges devront d'abord examiner si le mineur a été émancipé, puis s'il a été préalablement autorisé par son père ou sa mère ; en cas de décès, interdiction, ou absence du père, ou à défaut du père et de la mère, par une délibération du conseil de famille homologuée par le tribunal civil. De plus, l'acte d'autorisation doit avoir été enre-gistré et affiché au tribunal de commerce du lieu où le mineur veut établir son domicile (art. 2, C. civ.) ; enfin le mineur doit faire des actes de commerce.

Le législateur, en rédigeant l'art. 114, n'a pas perdu de vue ce principe que personne ne doit s'enrichir aux dépens d'autrui ; tel est le motif pour lequel il a inséré dans son texte ces mots : sauf les droits respectifs des parties, conformément à l'art. 1312. Or, voici ce que ren-ferme cet article :

«Lorsque les mineurs sont admis en cette qualité à se faire restituer contre leurs engagements, le remboursement de ce qui aurait été, en conséquence de ces engagements, payé pendant la minorité, ne peut être exigé, à moins qu'il ne soit prouvé que ce qui a été payé a tourné à leur profit.»

Les mineurs ne sont pas les seules personnes auxquelles s'appliquent les dispositions de l'art. 114 ; nous devons y ajouter : 1° les prodigues qui ne peuvent contracter sans l'assistance de leur conseil ; 2° les in-terdits assimilés au mineur quant à leur personne et à leurs biens, et

8

dont les actes sont nuls de droit (art. 502, C. civ. ; arrêt de la Cour d'Orléans du 5 juillet 1852 ; Dalloz, t. II).

C. *Des effets de la lettre de change à l'égard des personnes autres que celles qui sont intervenues dans l'acte.*

Les articles 113 et 114 étant établis dans l'intérêt seul des mineurs, des filles , femmes et veuves , il en résulte qu'à eux seuls appartient le droit de les invoquer ; tandis que les autres personnes capables qui ont contracté par lettres de change demeurent engagées et comme telles soumises à toutes les conséquences qu'elle entraîne.

De là, si le tireur d'une lettre de change est incapable et l'accepteur capable, le preneur aura action contre lui pour se faire payer. Si les rôles changent, ex. l'accepteur est incapable, le tireur et le preneur capables, la lettre de change existera entre ces deux personnes.

FIN.

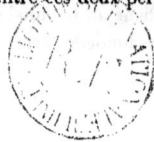

FIN.

www.ingramcontent.com/pod-product-compliance
Lightning Source LLC
Chambersburg PA
CBHW070829210326
41520CB00011B/2179